Dealing with Feeling Series
兒童情緒管理系列②

我好沮喪
I'M FRUSTRATED

Elizabeth Crary ◆ 著　　Jean Whitney ◆ 繪圖

林玫君 ◆ 譯

譯者簡介

林玫君

現任
國立臺南大學藝術學院院長
國立臺南大學戲劇創作與應用學系專任教授
International Journal of Education & the Arts 戲劇教育主編
Research in Drama Education（SSCI）編輯顧問
台灣戲劇教育與應用學會理事長

學歷
美國亞歷桑那州立大學課程與教學組學前教育博士
美國亞歷桑那州立大學戲劇教育碩士

經歷
國立臺南大學戲劇創作與應用學系創系主任
教育部幼兒園美感及藝術教育扎根計畫主持人
教育部幼托整合國家課綱美感領域主持人
教育部師資培育之大學藝術領域教學研究中心（中學組）設置計畫主持人
國立臺南大學幼兒教育學系教授兼系主任
香港幼兒戲劇教育計畫海外研究顧問
英國 Warwick 大學訪問學者
美國華府 George Mason 大學訪問學者

論文及譯 / 著作
幼兒美感暨戲劇教育及師資培育等相關論文數十篇及下列書籍：
《兒童戲劇教育之理論與實務》（著作，心理，2017）
《兒童戲劇教育：肢體與聲音口語的創意表現》（著作，復文，2016）
《幼兒園美感教育》（著作，心理，2015）
兒童情緒管理系列（譯作，心理，2003）
兒童問題解決系列（譯作，心理，2003）
兒童自己做決定系列（譯作，心理，2003）
《在幼稚園的感受：進森的一天》（譯作，心理，2002）
《創作性兒童戲劇入門：教室中的表演藝術課程》（編譯，心理，1995）
《創作性兒童戲劇進階：教室中的表演藝術課程》（合譯，心理，2010）
《酷凌行動：應用戲劇手法處理校園霸凌和衝突》（合譯，心理，2007）
《創造性戲劇理論與實務：教室中的行動研究》（著作，心理，2005）

「情緒」是人類與生俱有的本能與特點，它是一種複雜又難以用言語形容的生理反應及心理感覺。無論對大人或兒童而言，如何了解及面對自己的情緒是一件重要的事。多數的人都能接受正面的情緒如快樂、高興、喜悅或驚喜；但許多負面的情緒如生氣、悲傷、害怕或焦慮等反應，卻讓人難以接受。因此，當我們聽到孩子哭的時候，常常急著平撫：「乖乖，不要哭。」再不然，就斥責小孩：「哭什麼哭，有什麼好哭的？」當耐心磨盡時，更會威脅著說：「再哭，我就叫警察來抓你了！」通常孩子會愈哭愈大聲，不然就是被迫停止哭泣，但心中的不解與情緒的震撼，始終未被適當地疏導或解決。勉強壓抑的情緒終究會繼續發生，就像是個不定時炸彈，不知何時又會爆發。

許多負面的情緒常是因著一些生活上的問題或衝突未獲解決而產生。在面對孩子的麻煩時，大人常常以簡化的方式來擺平問題，例如在家中或教室裡，我們常會聽到成人要肇事的孩子以「對不起」、「用說的」、或是「下次不可以這樣」來解決問題。而有些大人則認為，孩子應該學著去解決自己的問題，因此，當衝突發生時，就告訴孩子：「我不管，你們自己去處理。」問題是──大人從來沒有提供任何的引導，孩子怎麼知道他可以如何解決當下發生的問題？

從小就很少有人教導我們如何去面對、接受或處理一些複雜難過的情緒與問題。多數人一直被教導著要「知禮守份」，只要乖乖聽話或用功讀書就好，其他的一概不用管，也不需要學。在生活中，「生氣罵人」是大人的權利；而「害怕」、「哭泣」是小Baby的行為。當生氣難過時，我們已經習慣去壓抑這些大人所認為的「不恰當」反應；而當麻煩出現時，我們也學著去忽略或者簡單處理這一些問題。漸漸地，當我們成為父母、為人師表時，在面對孩子的情緒反應及問題行為的當下，我們也不自覺地運用同樣的方法去壓抑這些負面的情緒及生活中的問題。

在今日瞬息萬變的社會中，孩子更是提前面對各類複雜的情緒與問題。家長與教師在處理這些狀況時，不能再如以往，用逃避或壓抑的態度來面對，他們更需要提供孩子各類的機會去了解自己的情緒且學習如何解決因應而生的問題。本書作者Elizabeth Crary就針對這個部分的需要，提供她個人的專業經驗。作者利用故事情境，為成人及孩子提供一個互動討論的空間。透過故事中的替代經驗，孩子得以發現不同的情緒表達方式與不同的行動所產生的後果。除了直接的討論外，筆者也建議成人利用戲劇扮演的方式來引導幼兒。藉此，幼兒更能深刻體認劇中人物的遭遇，並藉此來探討與自己有關的情緒經驗和社會問題。

林玫君

3

情緒的處理

為什麼要寫一本與「沮喪」有關的書？

許多家長常請我幫忙處理孩子情緒上的問題。主要原因有二：一、很多人從小就被教導去忽略自己的感覺，而當他想要以不同的方式來養育自己的孩子時，實在不知道要怎麼辦。二、不論大人或小孩，常有沮喪的感覺。因此，我們都需要學習如何處理這些情緒。

這本書怎麼幫助家長？

《我好沮喪》這本書可以幫助孩子接受自己的情緒，且學習如何回應自己的情緒。

這本書示範家長如何運用建構的過程來處理失望的感覺。它呈現一位家長如何以開放的態度和孩子討論感覺的過程。故事也為幼童提供各種不同的選擇，透過口語、肢體動作、及各種創意的方式，來表達自我的情緒。此外，本書也為一些想要改變自己，來回應孩子情緒的家長，提供正面示範。

要如何使用這本書呢？

如果能夠經常使用本書且時間夠長，它的效果會更好。如果只讀一、兩次，可能不會有太大的改變。但是你可以開始幫助孩子，將書中訊息轉換成現實生活中的真實情況。

▶ 幫助孩子分辨感覺和行動的不同

一起讀這本書，然後讓孩子決定其中的選擇方式，

在每一頁的最後，你可以問孩子：「小強現在覺得怎麼樣？」「他下一步會怎麼做？」接著下一頁會有更多與情緒相關的討論。

▶ 介紹不同的選擇方案

孩子需要不同的方法來處理個別的情緒問題。這個故事提供了十個不一樣的點子。讀完本書後，你可以問孩子：「小強還可以怎麼做？」然後再把他的反應，寫在最後一頁的想法欄上。

▶ 以這本書為基礎來討論其他的情況

開始時可以討論一些發生在別人身上的事情。要孩子先認出當中的情緒，再討論他們所做的選擇。與孩子談話時，盡量避免用評斷的態度，可以幫助孩子用收集訊息的角度切入。

例如：有一個叫小珍的女孩想要搭建一座高塔，可是每次積木都倒下來。此時，我們可以問孩子：「如果積木又掉下來，小珍會有什麼感覺？她覺得很難過時，做了什麼事？後來又做了什麼事？」一些可能的回答如：「她不玩了」、「休息一下」、「她哭了」或「找人幫忙」。

當孩子面對別人的問題，能夠客觀地把感覺和行為分開討論時，你也可以同樣的態度，來討論孩子自己所做過的事情。

Elizabeth Crary
西雅圖／華盛頓

情緒和父母親的角色

身為一位老師或家長，你的角色就是要幫助孩子了解和處理自己的情緒問題。孩子的情緒需要得到認可；同時，他們也需要得到一些和情緒有關的訊息，及如何處理這些問題的方法。下面將一一說明：

————————

一、發展一套描述情緒的字彙

有時候孩子會為一些強烈的情緒所困擾。若想深入了解，最簡單的方式，就是開始為這些「情緒」命名。例如：

- 分享你的感覺：「我覺得很沮喪，因為我找不到車子的鑰匙。」
- 跟孩子們一起閱讀與情緒有關的書，如本系列相關的書。
- 觀察他人的情緒，例如：「我打賭，他一定會以他得到 A⁺ 的成績自豪。」

此外，為孩子介紹用不同的語彙，來表達一些相關的情緒和感覺，例如：發火、生氣、惱怒、不安等字眼。

二、幫助孩子分辨情緒和行動的差別

了解情緒並沒有好壞之別。「感覺生氣」並不表示「好」或「不好」。但是「打人」卻是一種行為，「打人」就是不能被接受的。你可以說：「你生氣沒有關係，但是我不能讓你打妹妹。」

三、接受且強化孩子自己的情緒

大部分的人都已經被訓練成忽略或壓抑自己的情緒，例如女孩子常常被教導：「『生氣』不是女生該有的行為，那很不恰當。」而男孩子就會被教導「不可以哭」。你可以透過傾聽和回應，來認可孩子的任何感覺。單單傾聽就好，不要隨意做判斷，應該把兩件事分開處理。要記得，孩子的感覺是屬於他們自己的。

當你回應孩子的感覺時，例如：「你很生氣，因為心怡現在就得回家了！」你並不是想要去解決這個問題，而是透過回應來知會孩子的情緒狀態，進一步幫助他們處理自己的問題。

四、提供孩子多樣處理情緒的方法

如果大部分的孩子，能如你所意，用「說」的方式來表達自己的情緒，大人就省掉許多處理兒童情緒的麻煩了。但是孩子需要各式各樣的方式來反映自己的情緒，不論透過聽覺的、肢體的、視覺的、創造的、或者是自我安慰的方式。一旦孩子對各式各樣的情緒表達，有了親身的體驗後，你就可以問問他們喜歡運用哪一種方式。

例如：「你現在要生氣嗎？」「還是想要改變你的情緒？」如果你的孩子想要改變，你可以說：「那你要怎麼做呢？我們看看，你可以繞著那些積木跑來跑去，或者是寫一張卡片寄給心怡，或者談談這些感覺，或者讀你最喜歡的故事書。」在你為孩子提供這些不一樣的點子時，讓孩子選擇合乎自己需要的方法。基本上，所有的孩子都需要覺得自己的情緒被認可接受。

五、也請你溫柔地對待自己

記得哦，有一些問題很快就能夠被解決，而有些其他的問題，需要花上比較長的時間和反覆的練習。為你的孩子和自己所想要的目標，勾勒出一份長遠的計畫。在過程中可以不斷地提醒自己，你已經做的努力和進步。

小強坐在台階上，看著哥哥和姊姊們練習溜冰，看他們往前往後衝來衝去的樣子，小強覺得很好玩，看起來很簡單，他也想要試試看。

他找到姊姊小凡的舊溜冰鞋然後把它套上去，他用力把鞋帶綁緊，然後試著站起來，只是溜冰鞋卻從腳下溜出去，結果，一屁股摔到地上去了。

小強很小心地用兩隻腳撐著想要再站起來，但是腳下的溜冰鞋又溜掉了。「如果我沒辦法自己站起來，那我要怎麼才能學會溜冰呢？」他想。

他小心地爬到救火栓的旁邊，慢慢地把自己拉起來。可是只站了一會兒又摔下去了，小強開始哭了。「我沒辦法溜冰、我不會溜冰，我做不到、我做不到、我永遠都做不到！」

媽媽聽到哭聲，出來問：「你剛剛說什麼事你做不到呢？」

「溜冰啊！這一雙溜冰鞋根本不喜歡我，每一次我想要溜就摔倒。」他哭喪著臉說。

「你很沮喪，因為你想溜冰卻沒辦法站起來對不對？」小強點點頭。「我可以幫你的忙嗎？」媽媽問。

「我不知道耶！」小強回答。他心裡感到很緊張，都快要哭出來了。「我要把這雙溜冰鞋打爛還要丟掉它。」小強說。

「你覺得很沮喪是嗎？小強，沒有關係啦！」「除了去破壞那雙溜冰鞋，你還可以做些什麼事呢？」媽媽問他。

你覺得小強可以做什麼事呢？

聽聽看孩子們的意見。如果沒有人做任何建議，那就繼續讀這個故事。

「我不知道！」小強回答。

「我有十個主意喔！」媽媽說：「你可以——

哇！有很多好意見。那你想要先試試看哪一個呢？

你覺得小強會先做什麼事呢？

翻到孩子所選的方法，如果沒有其他的建議，繼續這個故事。

找別人幫忙

小強決定「我想找人幫我的忙。」

媽媽問：「那你想要怎麼樣的幫忙呢？」

小強回答：「有人抓住我的手，讓我不會跌倒。」

「看起來你知道該怎麼做了，你想找誰幫你的忙呢？」媽媽問。

小強說他想請哥哥或姊姊幫忙。

「他們來了，你自己問他們。」媽媽回答。

「哥哥！」小強大叫，「扶我溜冰！扶我溜冰！」

「好！我扶你溜到小明的家然後再溜回來。」哥哥回答。當他們開始溜的時候，小強緊緊地抱住哥哥，每一次小強摔倒時，哥哥就會扶他起來。哥哥也教他要如何彎下膝蓋保持平衡。當他們回來的時候，小強已經可以自己站起來了，可是小強還是覺得很沮喪。

你覺得小強下一次會想要怎麼做呢？

坐下來哭 第14頁

談談自己的感覺 第18頁

坐下來哭

小強又摔了幾次跤之後他就放棄了。「一點也不公平。」他哭著說。「溜冰鞋討厭我，大家都會溜冰，只有我不會。」

他一直哭一直哭。

過了一會兒，隔壁的鄰居先生注意到小強在哭，就走過來。「你好嗎？」他問。

「還好啦！不，我也不知道。」小強一面哽咽地說。「我想要學溜冰，但卻一直摔跤。」

「聽起來你好像很沮喪，有時候哭能幫你解決問題，但有時候也沒辦法，如果幫不上忙你可以深深吸一口氣，然後和別人談談你的感覺。」

你覺得小強會怎麼做呢？

休息一下

「我受夠了！」小強說：「我越覺得沮喪就跌得越厲害。我看我要想一些有趣好玩的方法，免得我覺得生氣或是摔到鼻青臉腫。」

「怎樣才能好過一點呢？」他自問。他想到去玩一玩或許很棒。也可以讀讀書。「可是，我真不知道該做什麼比較好？」小強想。

「我知道了。」他說。他從口袋裡抓了十塊錢出來。「用丟銅板決定。如果是正面我就讀故事書，如果是反面我就跟小貓一起玩。嗯～是正面。」他把銅板撿起來，然後走到房間裡去。

他找出最喜歡的故事書，然後坐在大椅子上，手上還抱個毯子捲起來坐著。「很好，這樣很棒！」他說。當他打開書的時候想：「我現在覺得又溫暖又舒服。」

讀完故事書後，小強決定再試試看。他穿上溜冰鞋然後想溜到樹旁邊。

可是每一次試著溜的時候他又跌倒。「不公平！不公平！」小強又開始哭了：「我真的好生氣，我真的想尖叫。」

（請翻到第 18 頁。）

談談自己的感覺

小強把溜冰鞋脫掉然後跑去找媽媽。「每一次我想要溜冰時，我都會摔跤。」他抱怨地說。「有人幫我的忙我還是會摔跤，我真的好沮喪，沮喪到我快要爆炸了，我該怎麼辦呢？」小強問。

「這是個好問題，」媽媽回答。「每個人都需要找個好方法讓自己冷靜，不管你是在生氣、還是覺得沮喪，或是很害怕。我有兩個好方法讓自己冷靜下來。」

「你可以把沮喪的感覺吹走，或者你可以做些體能動作，譬如繞著柱子跑。這些體能活動，可以舒緩那些不愉快的感覺。」媽媽說。

「這是我的兩個建議，如果你還要其他的建議，再讓我知道。」

「謝謝媽媽，我知道該怎麼做了。」小強回答。

你覺得小強會怎麼做呢？

做些體能運動

「我要跑步。」小強決定。「這樣子也沒辦法讓我學會怎麼溜冰，但是它可以讓我覺得好過一點。」他心裡想。「那我要跑多遠呢？」他坐下來邊脫溜冰鞋邊問媽媽。

「我也不知道，」媽媽回答：「每個人狀況都不一樣，我建議你就是一直跑，跑到你覺得很累為止。」

「好了，我要跑了。」小強說。他繞著柱子不停的跑直到覺得舒服一點。「媽媽，現在我覺得不怎麼沮喪了耶！」小強說。

接著他坐下來把溜冰鞋穿起來，又再試著溜了一次。

如果小強覺得很沮喪而他又要試試其他的方法，你覺得他會怎麼做呢？

把沮喪的感覺吹掉

小強決定要做點不一樣的事情。他問媽媽：「我要怎麼把沮喪的感覺吹掉呢？」

「你要深深地吸一口氣然後慢慢把氣吐出來，當你把氣吐出來的時候，先想像沮喪的感覺也跟著空氣流走了。很多人發現如果把眼睛閉起來，而且把全身放鬆，這樣更容易想像那是種什麼感覺。」

「我可不可以穿著溜冰鞋做呢？」他問。

媽媽回答：「可以啊！但是我建議你最好坐下來，如果你不坐下來的話，當你專注在呼氣的時候，你很可能會跌倒。」

小強深深吸了一口氣，然後一面想：「嗯～現在新鮮的空氣吸進來了。」接著他閉著眼睛慢慢地把空氣吐出，一面想著把壞的空氣吐出來了。

他反覆地一面想一面呼吸。「吸進去新鮮的空氣、吐出壞的空氣，吸進去新鮮的空氣、吐出壞的空氣。」一會兒之後他停下來感覺自己的情緒。「嗯！我覺得心裡平靜多了。」他自言自語著，而且沮喪的感覺真的不見了。

（請翻到第24頁。）

看看別人怎麼做

　　小強看到鄰居先生正在他的花園裡種些小花。他把他的溜冰鞋拿過去，他看他把一些野草除掉，於是問他：「叔叔，你有沒有過沮喪的感覺呢？」

　　「當然有啊，每個人都有啊！」

　　小強反駁他：「可是你好像從不會生氣啊？而且我從來沒看過你不高興的樣子。」

　　「當我還是小男孩的時候，我也常常覺得很沮喪，只是我長大後學會如何讓自己平靜下來。」鄰居說。

　　「那你是怎麼做的呢？」小強問。

　　「那是需要花一段很長的時間來學的，那種能讓自己平靜下來的感覺很棒，然後我就會在一張表上記錄我的進步。」

　　「可是，叔叔，如果你覺得很沮喪的時候你會怎麼辦呢？」

　　「我會畫圖，假裝我身上的感覺飛到紙上去，當我沒有這麼沮喪的時候，我會再重新想想可以怎麼把它畫得更好。」叔叔回答。

你覺得小強會怎麼做呢？

做一張進步表

　　小強問他的鄰居叔叔：「你剛剛說要做一張進步的表格，那是什麼意思？」

　　「那個意思是說要記錄自己的進步。首先要訂定一個目標。那你想做什麼呢？」鄰居叔叔問。

　　「我很想像那些人一樣，在巷子口溜來溜去。」小強很快地回答。

　　「這是一個很好的目標，可是對於想開始做計畫的人來講，的確是個大目標。」鄰居叔叔說。「你可不可以想一個比較小的目標？」

　　小強想了一會兒然後說：「我可以從樓梯這裡溜到那棵樹旁。」

　　「想要完成這個小目標，你就數數看從這裡溜到另一棵樹時，你會摔幾次跤。把摔跤的次數寫下來，那些次數會越來越少，然後你就能看到你自己的進步，以後再來完成『很會溜冰』的大目標。」他解釋。

　　「來吧！我現在開始幫你數。」鄰居叔叔開始幫他數到底摔了幾次，一、二、三、四、五、六。「總共摔了六次。這一次再溜回來試試看。」

　　小強來回地溜了好幾次，鄰居叔叔一面數一面算。最後鄰居叔叔說：「小強，看看你的進步，你總共溜了十趟。你現在可以直接溜到樹邊而且只摔跤一兩次，越來越好了喔。」

（請翻到第28頁。）

26

畫一張圖

　　小強決定把他的感覺畫出來。他把溜冰鞋脫下來然後跑到屋子裡。

　　「媽媽～」他告訴媽媽：「我可不可以借一些畫筆？鄰居叔叔告訴我，有時候畫圖可以幫助情緒好過一點。」

　　「當然！」媽媽回答。「畫畫的東西在上方的櫥櫃裡。記得要在地板上鋪些報紙以免弄髒地板了。」

　　小強開始畫了，他用黑色還有紅色的顏料在整張紙上面到處塗，接著他又拿一張紙在上面塗了很多顏色，最後他又拿了第三張紙，畫三個孩子正在溜冰。

　　「這個是哥哥、姊姊和我一起溜冰。」「畫圖對我也很有效耶！我現在覺得快樂多了。我現在要出去多溜一會兒。」小強暗自想著。

（請翻到第30頁。）

嘗試給自己鼓勵

當小強練習幾次後他決定要停下來，他看到小凡姊姊溜到他旁邊說：「怎麼這麼快就停下來了？」

小強很難過地說：「一點都不好玩，每一次都跌倒。」

「我知道，每個人剛開始學溜冰時都是這樣子的，但是每一次跌倒都會學到東西。你要不停的練習，不然你永遠也學不會。」小凡鼓勵他說。

小強問她：「那妳怎麼能夠避免停下來練習呢？」

「以前我還不會溜的時候，我常練習啊，而且我會訂定一個進步的目標，當我達到目標時，我會給自己一些獎勵，例如：吃個甜筒、或是讀一本書、或者做些其他喜歡的事。」小凡回答。

小強想了一會兒並告訴自己：「當我可以溜到樹邊五次時，就能吃一個冰淇淋甜筒當獎品。」

他繼續溜可是又跌倒，最後他終於可以溜到樹邊五次。「好棒喔！我做到了耶！現在可以去吃冰淇淋了。」

（請翻到第32頁。）

小強一直很努力把沮喪的感覺去掉，努力學怎樣溜冰。現在他已經可以從他家溜到兩三家以外的距離了。「媽！看看我，我會溜冰了！」小強大叫。

　　「這真是太棒了！」媽媽說。

　　「我也覺得好棒耶！我現在會溜冰了，而且如果我以後再覺得很沮喪，我也知道該怎麼辦了。」

（結束）

想法欄

小強的想法

- ✔ 找別人幫忙
- ✔ 坐下來哭
- ✔ 休息一下
- ✔ 談談自己的感覺
- ✔ 做些體能運動
- ✔ 把沮喪的感覺吹掉
- ✔ 看看別人怎麼做
- ✔ 做一張進步表
- ✔ 畫一張圖
- ✔ 嘗試給自己鼓勵

你的想法

- ✎ _____
- ✎ _____
- ✎ _____
- ✎ _____
- ✎ _____
- ✎ _____
- ✎ _____
- ✎ _____
- ✎ _____
- ✎ _____
- ✎ _____
- ✎ _____
- ✎ _____
- ✎ _____
- ✎ _____
- ✎ _____

33

兒童情緒管理系列 52010

我好沮喪

作　　　者：Elizabeth Crary
插　　　畫：Jean Whitney
譯　　　者：林玫君
總　編　輯：林敬堯
發　行　人：洪有義
出　版　者：心理出版社股份有限公司
地　　　址：231 新北市新店區光明街 288 號 7 樓
電　　　話：(02) 29150566
傳　　　真：(02) 29152928
郵撥帳號：19293172　心理出版社股份有限公司
網　　　址：http://www.psy.com.tw
電子信箱：psychoco@ms15.hinet.net
駐美代表：Lisa Wu（lisawu99@optonline.net）
排　版　者：博創印藝文化事業有限公司
印　刷　者：博創印藝文化事業有限公司
初版一刷：2003 年 1 月
初版十三刷：2019 年 5 月
Ｉ Ｓ Ｂ Ｎ：978-957-702-549-4（全套）
定　　　價：新台幣 650 元（全套六冊，不分售）

解決社會問題……

兒童問題解決系列 教導兒童思考他們所遇到的問題。每個互動性的故事可讓讀者選擇主角的行動,並且知道結果為何。適用年齡為三至八歲。

本系列由 Elizabeth Crary 撰寫, Marina Megale 繪圖,林玫君翻譯。

52021 美美和咪咪都想玩小貨車

52022 小珍不喜歡被小迪叫笨蛋

52023 宗凱不想一個人玩,他想和別人一起玩

52024 修文的媽媽準備要出門,他感到難過又害怕

52025 琪美正在玩跳跳床,小志也想玩,他等不及了!

52026 佳佳和爸爸在動物園走失了,她很擔心找不到爸爸

應付強烈的情緒……

兒童情緒解決系列 介紹六種強烈的情緒。孩子可以從書中發現安全且具有創造性的方式來表達這些情緒。每個互動性的故事可讓讀者選擇主角的行動，並且知道結果為何。適用年齡為三至九歲。

本系列由 Elizabeth Crary 撰寫，Jean Whitney 繪圖，林玫君翻譯。

52011 我好生氣

52012 我好沮喪

52013 我好得意

52014 我好害怕

52015 我好興奮

52016 我好氣憤